Glauben und Evangelisation
Eine Jüngerschaftsschule

Eine Themenreihe von Gerrit de Koning.

Besonders in schwierigen Zeiten sind gute und starke Fundamente unglaublich wichtig. Dieser Themenreihe ist ein Versuch, ein wenig Stabilität und Lehre im Alltag zu geben.

Diese Vorlage eignet sich hervorragend als Seminarvorlage oder auch Schulungsinhalt, für Menschen die sich gerade entschlossen haben, Jesus nach zu folgen.

Erarbeiten Sie diesen Inhalt alleine, zur Zweit oder in Kleingruppen, wie Hauskreise, Seniorenkreise, Jugendtreffs, aber auch als Nacharbeit nach einer Evangelisation.

Den meisten Gewinn bringt die Erarbeitung mit der gesamten Gemeinde. Eine Vorlage für ein Seminaraufbau findet der Leser im Anhang.

Viel Freude und Gottes reichen Segen wünscht Euch

Euer *Gerrit de Koning*.

© 2020
Herstellung und Verlag: BoD – Books on Demand, Norderstedt
ISBN: 978-3-7504-9807-5

Glauben und Evangelisation
Eine Jüngerschaftsschule

© Gerrit de Koning - 2020

Glauben und Evangelisation
Eine Jüngerschaftsschule

Vergebung

Einführung: Lies **_Eph.1, 7-12_**!

1.)   **3 Arten von Menschen!** (**_1.Kor.2,10 - 3,9_**)

➤   Der ungeistliche oder unveränderte Mensch (**_1.Kor.2,14_**)

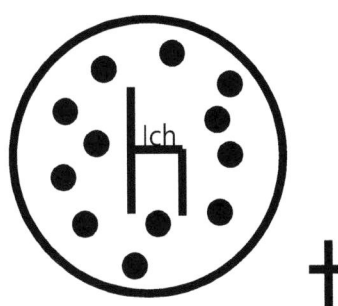

- ungeistlich ohne Gottes Geist

- Evangelium = Torheit

- versteht nichts vom Evangelium

- geistlich tot

- kein ewiges Leben, keine Hoffnung

- ohne Gottes Hilfe

- Zorn Gottes liegt auf ihn

Lies auch **_Joh.3,36_** , **_Röm.8_**

B)   Der geistliche oder veränderte Mensch (**_1.Kor.2,15_**)

- Gottes Geist empfangen

- wiedergeboren

- Kind Gottes

- Einsicht in Gottes Plan

- versucht zu leben nach Gottes Plan

- trägt Frucht

- kennt Wert von Gebet und Wort

- ist Zeuge

- wankt, aber steht auf

Lies auch **_Joh.1, 12 / Joh.4,34 / Gal.5,22 /_**
1.Petr.3,15!

C) Der fleischliche oder veränderte Mensch, welcher lebt als ein unveränderter Mensch **(*1.Kor.3,1-4*)**

Merkmale:

- Geschwister, Mitgläubiger

- Neid, Zwietracht

- Uneinigkeit

- Unverändertes Leben.

2.) **Wie wird ein geistlicher Mensch ein fleischlicher Mensch? (*Gal.3,3*)**

Und wie wird ein fleischlicher Mensch ein geistlicher Mensch?

3.) **Sünde bekennen!** Lies *1.Joh.1,9*

4.) **Persönliche praktische Erfahrung und Umsetzung!**

Glauben und Evangelisation
Eine Jüngerschaftsschule

Kommunikation des Evangeliums

Was ist Kommunikation?

- Austauschen von Meinungen

- sich verbinden mit...(latein commune)

- Dialog, bei dem der Empfänger eine aktive Rolle spielt.

- Handlung um Gedanken und Gefühle zu Teilen mit einander.

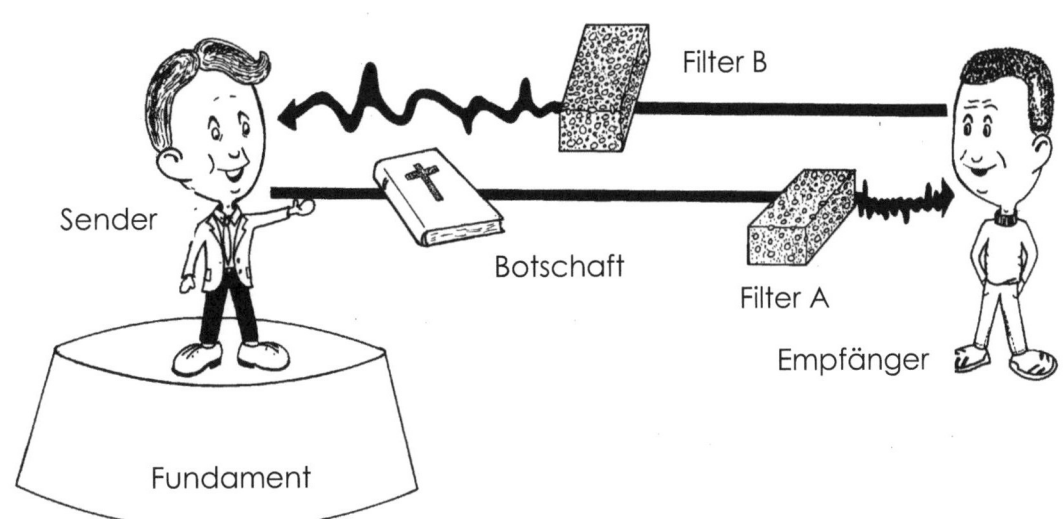

Filter B

Sender

Botschaft

Filter A

Empfänger

Fundament

Der Kommunikationsprozess

1. **Der Botschafter:**

   2.Kor.5,17-20: neue Schöpfung / Amt zur Versöhnung / spricht im Namen Gottes

   1.Petrus2,9-10: Sind gerufenen um das Wort Gottes zu verkünden

   Matth.5,13-16: Salz und Licht

   Eph.2,19-20: Fundament

Glauben und Evangelisation
Eine Jüngerschaftsschule

2. **Der Empfänger:**

➤ Lebt in eine andere Welt als der Botschafter! (Freiheit des Individuums steht zentral -   Egoismus - Nutzen und Genießen – erfahrungsgerichtet - Der Mensch und seine Gefühle stehen im Mittelpunkt - Überschätzung der menschlichen Wissenschaft -   alles ist relativ).

➤ Unterschied in Kultur und Herkunft.

➤ Verloren ohne Jesus Christus - Lies dazu **_Röm.3,11-18_ + _Joh.3,17-18_**

3. **Die Botschaft: _Joh.3,16_**

4. **Filter A:**

1.Kor.2,14 - Unvermögen Gottes Wahrheit zu erkennen

  - Torheit, nicht relevant, nicht nötig

Joh.6,60 - Vorurteile gegenüber Botschaft und Botschafter.

  - Der Mensch wird nicht gerne mit sich selbst konfrontiert.

5. **Filter B:**

- Vorurteil

- voll von sich selbst

- Unglaube gegenüber Evangelium

Was können wir, was macht Gott?

Wir:

- Lebensstil (*2.Kor.2,14 2.Kor.3,4*)

- Vertiefen im Leben anderer(*1Kor.9,20*)

- verfügbar sein

- hören

- sorgfältig und deutlich sprechen

- Beten

- Möglichkeiten ausnützen

Gott:

- Evangelium = Kraft Gottes

- gibt uns Freimut(Röm.5,5)

- gibt uns Weisheit.

- Heiliger Geist überzeugt (Joh.16,8)

- gibt uns Liebe und Feinfühligkeit

6. Persönliche praktische Erfahrung und Umsetzung!

Heilsgewissheit

Einführung:

Was ist Heilsgewissheit?

Um das erfahren zu können, sollte man Näheres über die Beziehung zwischen Gott und den Menschen wissen.

1.   **Was sagt die Bibel über die Beziehung zwischen Gott und den Menschen?**
       Lies *Joh.1,10-13* und Joh.*10,27-28*

Was sagen …

- die Fakten:

- der Glauben:

- das Gefühl:

Beziehung zwischen Fakten, Glauben und Gefühle;

2.   **Gott will, dass es keine Zweifel gibt in der Beziehung zwischen Ihm und uns.**

Lies *1.Joh.5,10-13*

3.   **Unsere Beziehung zu Gott durch den Glauben.**

Lies *Eph.2, 8-9*

4.   **Unser Vertrauen in der Beziehung zu Gott äußert sich durch Gebet**

5.   **Gott bestätigt seine Beziehung zu uns. Wie?**

6.   **Persönliche Praktische Erfahrung; Habe ich Heilsgewissheit?**

(*Röm 8,38-39*)

Die Botschaft!

Einführung

Lies *2.Kor.5,17-20!*

1.   **Es gibt ein Gott, der dich liebt, der dich erschaffen hat für eine ewige Beziehung mit ihm.**

Gott   ewige Beziehung mit Gott

$\longrightarrow$

a)   Gott.

Lies *Jesaja 40,28-31!*

b)   Der Mensch

Lies *1.Mose 1,27*

c)   Eine ewige Beziehung

Glauben und Evangelisation
Eine Jüngerschaftsschule

2. **Da der Mensch sich von Gott abgewandt hat, ist die Beziehung zu ihm zerbrochen.**

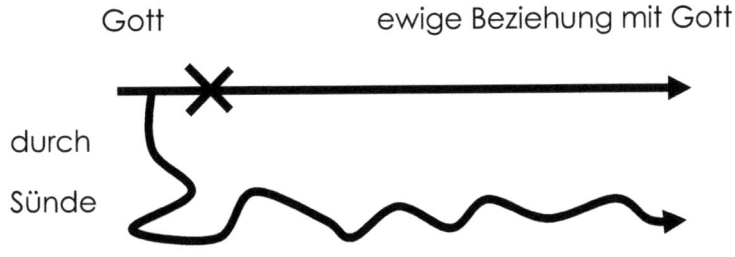

Gott   ewige Beziehung mit Gott

durch

Sünde

Leben in Gottes Zorn

a) Sünde?

b) Wer hat gesündigt?

Lies *Römer 3,23* und *Römer 5,12!*

c) Folgen der Sünde?

Lies auch *Joh.3,36!*

3 Jesus Christus ist Gottes einzige Antwort.

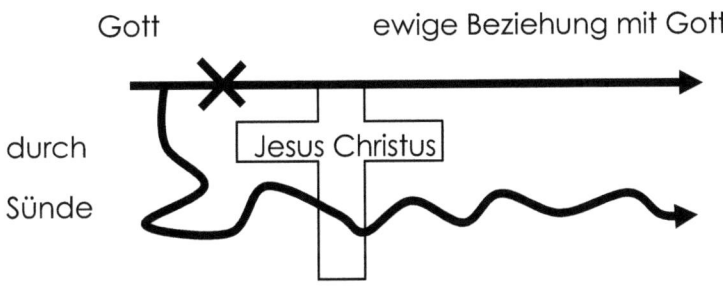

Gott   ewige Beziehung mit Gott

durch

Sünde

Jesus Christus

Leben in Gottes Zorn

Glauben und Evangelisation
Eine Jüngerschaftsschule

a)   Wer ist Jesus?

Lies *Joh.10, 22-33* und *Hebr.4, 15!*

b)   Er starb an unserer Stelle.

Lies *1.Petr.3,18!*

c)   Er erstand auf aus dem Totenreich

Lies *1.Kor.15,12-19!*

d)   Er ist der einzige Weg zurück zu Gott.

Lies *Joh.14, 6!*

4.   Wir sollen Jesus Christus akzeptieren als unseren Erlöser und wir sollen ihm dienen als unserem Herrn.

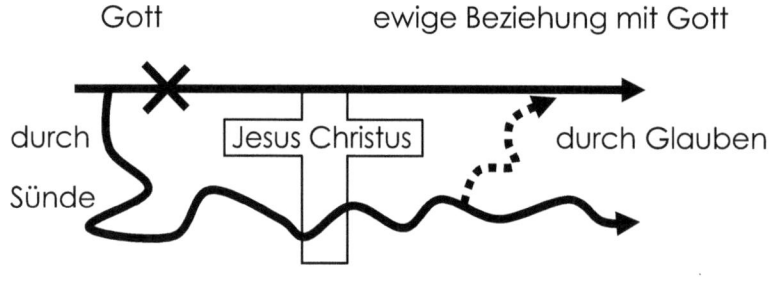

Gott   ewige Beziehung mit Gott

durch   Jesus Christus   durch Glauben

Sünde

Leben in Gottes Zorn

a)   Jesus Christus akzeptieren heißt:

-

-

-

b)   Die Konsequenzen:

Lies *Römer 6!*

c)   *Matthäus 7,13-14*

5.   Meine Persönliche praktische Erfahrung:

Geistliches Wachstum

Einführung:

Lies: Joh. 3, 3 / 1.Petr. 2, 2-3 / 2.Petr. 3, 18 / 1.Petr. 2, 21-24

Um Wachstum zu erfahren sollten 5 Sachen einen dauerhaften Platz in unserem Leben haben:

1.	Bibellesen

	Lies: Matth. 4, 4 / Eph. 1, 18 / 2.Tim. 3, 14-17

2.	Gebet

	Lies 1.Tess. 5, 17-18 / Phil. 4, 6 / Jak. 5,16 / 1.Petr.3,7 / 1.Chron.16,11

3.	Kontakt zu andere Christen

	Lies Joh.13, 34 / Apg.2,42-44 / Eph.3,18

4.	Zeugnis geben

	Lies Joh.13, 35 / Apg.1,8 / Röm.10,14-15 / Matth.28,19-20

5.   *Gehorsam*

Lies Joh.14, 21 / Jak.1, 23-24 / Ps. 119,9

6.   *Persönliche praktische Erfahrung:*

Habe ich Mangelerscheinungen?

Wie kann ich dieses Problem lösen?

Glauben und Evangelisation
Eine Jüngerschaftsschule

© Gerrit de Koning - 2020

Das persönliche Zeugnis

1. **Was ist ein persönliches Zeugnis?**
Lese 1.Joh.1,14

Eigenschaften eines Zeugen:
-
-

2. **Warum ist ein persönliches Zeugnis wichtig?**

-
-
-

3. **Wie kann ich mein persönliches Zeugnis erstellen?**

1. Jemand mit radikaler Bekehrung
siehe Paulus in Apg.26

2.Jemand der in einer christlichen Familie aufgewachsen ist
siehe Timotheus - 2.Tim.1,3-5

3. Jemand der in einer christlichen Familie aufgewachsen ist, aber weggekommen ist vom Glauben

Beispiel Paulus

Eröffnungssatz:

a.   Leben vor der Bekehrung

b.   Es passiert etwas, Wendepunkt

c.   Folgen der Wende

d.   Resumé

© Gerrit de Koning - 2020

4.   **Praktische Hilfen:**

Mache es so!
Schreibe dein Persönliches Zeugnis auf.

> Lese Beispiele von guten Zeugnissen.
> Gebrauche ein oder zwei Bibelstellen, welche deutlich die Person in den Mittelpunkt stellen, um die es geht. Gott benutzt sein Wort um Menschen zu bekehren.
> Benutze alltägliche Wörter und Erfahrungen, stelle die Gegensätze heraus von vor und nach der Bekehrung!
> Benutze genug Details um interessant zu bleiben.
> Mache deutlich, dass Jesus Christus dein Tun und Leben veränderte nachdem du dich bekehrt hast.
> Sei realistisch Jesus nimmt nicht alle Probleme weg.
> Formuliere positiv.

Mache es nicht so!

> "Christliche" Sprache benutzen, welche oft für nicht - Christen unverständlich ist.
> Zähe, lange Erzählungen, Wiederholungen und unendliches Ausschweifen vermeiden.
> Benutze keine allgemeingültigen seligmachenden Redewendungen wie glorreich usw...
> Kritisches Nennen einer Kirchengemeinschaft!
> Kritisch oder negativ sprechen über andere.
> Einen Hinweis geben, als ob Christ-Sein ein Leben ohne Probleme ist.

Glauben und Evangelisation
Eine Jüngerschaftsschule

Stille Zeit

Einleitung

Stille Zeit - oder - ein vollkommen offenes Gespräch mit Gott - Unentbehrlich in der Beziehung zu Gott.

1.   Warum Stille Zeit?

Lies ***Joh.17,3, 21, 23 / Joh.15,5***

Gott hat den Menschen geschaffen für eine Gemeinschaft mit Ihm. Er will, dass wir "in Ihm" bleiben - ständig in engem Kontakt mit Ihm stehen. Für eine Beziehung braucht man / frau Zeit....Stille Zeit.

2.   Was tue ich in der Stille Zeit?

3.   Wo?

Lies ***Daniel 6,11***

4.   Wann?

Lies ***Ps.5,4***

> "Morgengebet ist wie das Abstimmen eines Orchesters
> bevor eine Symphonie gespielt wird.
> Wie viele Misstöne würden im Laufe des Tages vermieden werden können,
> wenn wir uns wie ein Orchester auf einander abstimmen könnten."
> (Hudson Taylor)

5.   Wie?

* Wach   ** Ohne Eile*   ** Reines Herzens*   ** Voller Erwartung*

➢ Lasst Gott zu dir sprechen.

➢ Durch den Heiligen Geist in uns
   ▪ Lies ***Joh.16,12-15 / Ps.46,11 / Ps.65,2***

➢ Durch die Bibel
   ▪ Lies ***2.Petrus 1,21 / Ps.119,10-16***

6. **Lies nach einem Plan**

-Mache Notizen von dem was du lernst und was Gott dir zeigt.

> ➢ Musst du etwas verändern in deinem Leben?
> ➢ Musst du eine Sünde bekennen?
> ➢ Muss etwas korrigiert (wiedergutgemacht) werden?
> ➢ Gibt es etwas, wofür gebetet werden muss (evtl. Mit Seelsorger)?
> ➢ Musst du etwas tun?
> ➢ Sind da Menschen, welcher Gott dir auf dem Herzen gelegt hat? (z.B. das Evangelium zu sagen oder Diakonisch tätig zu werden?)
> ➢ Versuche etwas Konkretes; Ein Ziel! Aus deiner stillen Zeit zu bekommen.

7. **Sprechen mit Gott!**

8. **Wie lerne ich regelmäßig stille Zeit zu halten?**

Tue es! Es soll zur Gewohnheit werden! Auch wenn es dir etwas "kostet"!

=Disziplin=

Gib mir Disziplin!
Ich frage mich immer wieder....
Morgens möchte ich so gerne eine "Stille Zeit"
Aber jedes Mal endet es in einem Streit.
Das Bett ist morgens so kuschelig, mein Herr!
Ich sag' mir dann; am Abend les' ich dann etwas mehr.
Am Abend ruft dann der Schlaf, die Nacht....
Ist gut! Morgen früh wird etwas mehr gemacht.

9. **Persönliche praktische Erfahrung.**

Und ich?

Glauben und Evangelisation
Eine Jüngerschaftsschule

Gesprächsführung

1.   Was ist ein Gespräch?

Lies *1.Petr.3,15*

Ein Gespräch - Eine Art Kontaktaufnahme - Ein Werkzeug für Beziehungen.
Du willt etwas erzählen oder erfahren.
Du willst die Anwesenheit der anderen genießen, dich anderen mitteilen.
Es gibt oberflächliche und sachliche Gespräche, usw.

Definiere der Begriff "Gespräch".

Eine Form der verbalen Kontaktaufnahme, in dem jeder Teilnehmer
bestrebt ist, den Inhalt und die anderen Teilnehmer ernst zu nehmen und
dabei hört und lernt, aber auch redet und belehrt.
Das Ziel eines Gespräches ist Kommunikation!

2.   Der Begriff Gesprächsführung

Kommunizieren in einem Gespräch findet statt in verschiedenen Ebenen.

- Kognitiv - auf der Basis von Kenntnissen
- Emotionell - auf Gefühlsbasis

Wir müssen erkennen lernen, was in dem anderen vorgeht, sehen lernen,
wo sich der andere befindet, sein Leben im Ganzen erfassen.

Wir wollen Respektvoll und in Ehrfurcht gegenüber der anderen Person
Kommunizieren, aber es können sich uns viele Sachen entgegenstellen.
Beispiele sind: - Vorurteile - Feindschaft - Unsicherheit - Traurigkeit -....

3.   Was sollte man vermeiden?

- Verteidigen. (z.B. die Gemeinde, das Christentum, uns selbst, Gott, Christus, die Bibel...)

- Bestimmen über den Anderen.
- Sowohl die Entscheidung für Jesus Christus als auch in andere Lebensbereiche, liegt in der Verantwortung eines jeden einzelnen!
- Zwang ausüben.

4. **Zuhören.**

Ein Gespräch besteht aus Reden und Zuhören.

Lies   ***Jak.1, 19***
        Jak.3,1
        Sprüche 10,19

a)   Fehler, die beim Zuhören gemacht werden:

- "Das wissen wir schon" (***Sprüche 17,27***)
- "Ich verstehe dich schon" (***Sprüche 12,18***)
- Wir sind voll von unseren eigenen Gedanken (***Sprüche 18,1***)
- Wir trauen uns nicht zuzuhören
- Wir überhören Sachen (***Sprüche 18,13***)

b)   Hören lernen!

Lies *Sprüche 13,15 / ~17,27 / ~18,13 / ~21,28*

- Sei Empfindlich für das, was auf verschiedenen Ebenen passiert!
- Zuhören kostet Kraft!
- Versuche dein Gegenüber mit Gottes Augen zu sehen (Sprüche 11,12)
- Lasse dich nicht ablenken!

5. **Unsere Reaktion**

Lies Sprüche 15,1 / ~16,24 / ~25,11
"Eine linde Antwort stillt den Zorn; aber ein hartes Wort erregt Grimm"

Unsere Reaktion soll zeigen, dass wir den anderen annehmen, ihn zuhören und versuchen zu verstehen.

a)   Reaktionsmöglichkeiten:

➢ Fragen stellen
➢ Zusammenfassen
➢ Spiegeln

b)   Negative Reaktionsmöglichkeiten:

➢ Bagatellisieren
➢ Angreifen

c)   Körpersprache

Ist unsere Körpersprache in Übereinstimmung mit dem was wir sagen?

6.   Phasen im Gespräch

a)   Verstehen

Diese Phase beinhaltet: Raum schaffen für den anderen, die Inhalte sortieren. Positiv Kommunizieren! Auch nonverbal. Kann ich mein Gegenüber akzeptieren? Verstehe ich ihn, kann sie mich verstehen, besteht Feindschaft?

Manchmal geht das Gespräch nicht über diese Phase hinweg.

b)   Phase in dem etwas von dir erwartet wird

- Erklärung
- Lösung vorstellen
- Unterstützung
- Konfrontation mit biblischen Wahrheiten.

7.   Wo steht der andere gegenüber dem Evangelium?

Was tut Gott	Was tun wir	Reaktion
Offenbarung		Bewusstsein einer höheren Macht
Überzeugen	Verkündigen	Bewusstsein vom Christentum
		Beginnende Kenntnisse vom Evangelium
		Bewusst sein vom Evangelium
		Verstehen vom Evangelium
		Positive Einstellung
		Erkennen eigener Not
	Ermutigen	Offen sein für Gottes Handeln durch Jesus Christus
		Bekehrung und Glauben in Jesus Christus
Wiedergeburt		Neue Schöpfung
Heiligung	Nachsorge Aufbau	Reflektion der Entscheidung
		Aufnahme in der Gemeinde
		Geistliches Wachstum
		Bewusstwerdung der Verantwortung
		Gebet
		Frucht tragen
		In Christi Gemeinschaft vereint.

Glauben und Evangelisation
Eine Jüngerschaftsschule

Gehorsam

Einführung:

"Gehorsam; eine Erwartung gegen die Natur des Menschen?"

1. **Ein Prozess beginnt!**
   Lies *1.Mose 3,9-12*

2. **Das Ziel unserer Errettung!**
   Lies *1.Petrus 2,21-25*

3. **Warum Gehorsam?**
   Lies *1.Joh.4,10-19*

4. **Wie können wir Gehorsam erlangen?**

   a) Glauben, dass wir alles in Jesus vollbringen.
   ➤ *Joh.15,5*
   ➤ *Phil.4,13*

   b) Entschlossen sein zu gehorchen!
   ➤ *Josua 24,14-15*
   ➤ *Eph.4,1*
   ➤ *Hebr.12,4*

5. **Wir sollen gehorsam sein;**

   a) im Handeln
   Lies *Eph.5, 15-21 / Röm.12, 1-2*

   b) in unserer Beziehung zu anderen Menschen
   Lies *Röm.12, 9-21*

   c) im Sprachgebrauch
   Lies *Jak.3, 7-10*

   d) in unseren Gedanken
   Lies *Matth.5, 27-28*

6. **Gehorsam gibt Gewissheit, dass wir in Gott geborgen sind!**
    Lies *1.Petrus 5,6 + 10-11*

    *Nachwort; wenn wir es nicht schaffen; lies **1.Joh.2,1-2***

7. **Persönliche praktische Erfahrung:**

    Wo bin ich ungehorsam?
    Wo muss ich mich ändern?

Kampf im Geist

Einführung:
Lies 2.Mose 17,9-14

1.   **Was ist ein Kampf im Geist?**
     Lies *Eph.6, 10-12*

2.   **Wodurch entsteht der Kampf?**

➢   Teufel - *1.Petr.5,8 / 2. Kor. 11,14*
➢   Wir - *Gal. 5,17*
➢   Die Welt - *Jak. 4,4*

3.   **Kampf im Geist bedeutet nicht;**

➢   dass wir noch nicht erwachsen sind im Glauben.
➢   dass wir keine Kinder Gottes sind
➢   dass es Sünde in unserem Leben gibt, welche noch nicht vergeben ist.
     Nicht alle Kämpfe sind ein Kampf im Geist!

4.   **Warum Kampf im Geist?**

➢   *Hebr.12,4-7+11*
➢   *1.Petr.1,6-9*
➢   *Richter 2,20- ~3,4*

5.   **Den Kampf anzufangen ist unsere Aufgabe!**
     Lies *1.Petr.5,9*

6.   **Wie sollen wir kämpfen?**
     Lies *Eph.6, 10-20*

➢   Wahrheit
➢   Gerechtigkeit
➢   Bereitschaft
➢   Glauben
➢   Heilsgewissheit
➢   Wort Gottes
➢   Betet!

7.   **Ermutigung!**
        Lies *1.Kor.10,13 / 1.Joh.3,8*

8.   **Persönliche praktische Erfahrung!**
        Wo kämpfe ich? Wo muss ich noch viel üben?

Das Beispiel Jesus

Einleitung:
Lies 1.Petr.2,21

Wir sollen Christi Beispiel folgen, dennoch müssen wir wissen, dass wir niemals wie Jesus sein können. Keiner von uns ist der Messias; es soll auch keiner versuchen!

Menschen sind seine Methode!

Jesus hatte keine Programme um Menschen zu erreichen, aber er arbeitete methodisch. Er wusste, dass die drei Jahre, welcher er zur Verfügung hatte niemals ausreichen würden, die ganze Welt mit seinem Evangelium zu erreichen. Deshalb beschäftigte er sich mit Menschen, welche später andere für ihn erreichen würden mit dem Evangelium. Menschen waren und sind immer noch wichtig für ihn!

1.   **Die Jünger:**

Lies ***Joh.15, 16 / 1.Kor.1,26 / Apg.4, 13***

Sieben Jünger sind persönliche erwählt worden. Alle waren ungelehrt. Die einzigen Kriterien sind:

- Verfügbarkeit
- Bereitschaft zu lernen

Lies ***Matth.18, 12-14***

2.   **Jesus hatte ein Ziel!**

Nichts und niemand konnte Jesus von seinem Ziel abbringen. Sein Ziel war die Beziehung zwischen Gott und den Menschen wieder zu bereinigen.

a)   Jesus wusste, weshalb er gekommen ist.
        Lies ***Luk.4, 18-19***

b)   Jesu Ziel war sein Gesprächsthema

        ➢ Er war gekommen um zu gewinnen
        ➢ Er war gekommen um zu erhalten
        ➢ Zentral in sein Leben war das Thema Erlösung und Leben.

Lies ***Joh.1, 4 / ~1,9 / ~3,17***

3.   Jesus begegnete Menschen wo sie waren!

Seine Botschaft war immer gleich, aber er begegnete den Menschen unterschiedlich.

- ➤   Joh.3, 1-21   - Beispiel Mose
- ➤   Joh.4, 6-29   - Beispiel lebendiges Wasser
- ➤   Joh.5, 5-15   - Beispiel Gesund werden
- ➤   Joh.6, 5-14   - Beispiel Brot des Lebens
- ➤   Joh.7, 37-39   - Beispiel Heiliger Geist
- ➤   Joh.8, 3-11   - Beispiel Eigener Schuld.

4.   Sein Lebensstil!

Glaubwürdig
Sein Leben war mit seiner Botschaft im Einklang. Daher war er glaubwürdig.

5.   Persönliche praktische Erfahrung:

Fragen:

- ➤   Können wir leben wie Jesus?
- ➤   Beschreibe mit einem Satz, was das Ziel deines Lebens ist.
- ➤   Versuche spezielle Beispiele zu nennen, um verschiedene Bevölkerungsgruppen zu erreichen mit dem Evangelium.

Glauben und Evangelisation
Eine Jüngerschaftsschule

Heiliger Geist

Einführung:
Lies *Apg.19, 2*

1. **Wer ist der Heiliger Geist?**

a)   Person:

➢   Verstand;   - *1.Kor.2,10-13 / Joh.14,26*
➢   Gefühl   - *Eph.4,30 / Hebr.10,29 / Jes.63,10*
➢   Willen   - 1.Kor.12,4-11 / Apg.13,2-4
➢   Amt des Trösters!

b)   Gott:
        Lies *Apg.5, 3 + 5 / 1.Kor.6,11 / Hiob 33,4*

c)   3. Person der Dreieinigkeit!
        Lies *Jak.2, 19*

2. **Weshalb kam der Heiliger Geist?**
        Lies *Joh.16, 5-7 / ~14,15-17 / ~7,39*

        Was bedeutet Tröster?

        Parakletos bedeutet "Er, der zur Seite steht!"
        (Eph.1,13)

3. **Die Arbeit oder die Aufgabe des Heiligen Geistes!**

➢   Gal. 5,25   Führung
➢   Joh.16,8-11   überführen von Sünde
➢   Joh.3,3-8   wiedergeboren werden
➢   Eph.1,13   versiegelt mit dem Geist
➢   Röm.8,26   spricht für uns
➢   Joh.14,26   tröstet
➢   Gal.5,22   bringt Frucht
➢   Apg.1,8   gibt Kraft und Vollmacht
➢   Röm.12 / 1.Kor.12   verteilt Gaben

4. **Dein Leben unter der Führung des Heiligen Geistes:**
Lies *Eph.5, 18*

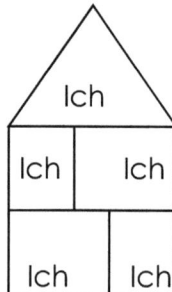 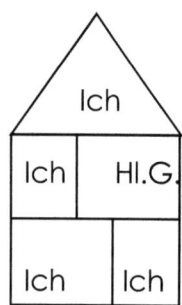 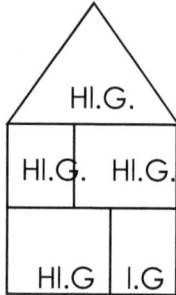

5. **Wie werden wir erfüllt mit den Heiligen Geist?**

➢ Verlangen haben.
➢ Sünde bekennen: - erkennen
                           - Akzeptieren, dass Jesus für die Sünden gestorben ist.
                           - berichtigen
➢ Gott fragen uns zu füllen
➢ Glauben, dass Gott das tun wird.

6. **Persönliche praktische Erfahrung:**

Glauben und Evangelisation
Eine Jüngerschaftsschule

Zeugnis als Lebensgrundhaltung!

Einführung:
Lies Joh.13, 34-35

1.   Evangelisation; ein Auftrag und eine Begabung!
        Lies *Matth.28, 18-20 / Eph.4, 11-12*

2.   Zeuge *ist* Mann - oder Frau!
        Lies *Apg.1, 8 / Matth.5, 13 / Joh.15, 27 / ~17,18 / ~17,21-23*

3.   Wir müssen das Verlangen haben, Menschen in "Liebe" zu "Fangen"!
        Lies *Lukas 5,10 / Joh.17, 20-23*

4.   Wir müssen selbst Gottes Wort LEBEN!
        Lies:

➢   Matth.23,1-3 - Tun
➢   Joh.14,21 - Fortwährend - Ausdauernd

5.   Tue mehr als erwartet!
        Lies *Matth.5, 41-42 / 1.Kor.9,19-23 / 1.Kor.31-33*

6.   Sei dein >Neues< Selbst!
        Lies *2.Kor.5,17*

7.   Die Praxis: 4-Schritte-Strategie!

        1. Mache eine Gebetsliste!
        2. Bete regelmäßig für die Menschen auf deiner Liste!
        3. Verfestige die Beziehung zu diesen Menschen!
        4. Bete und suche nach ungezwungenen Kontakten!

        Gib Zeugnis!
        3 Mögliche Reaktionen!

➢   Man ist nicht interessiert
➢   Man zeigt begrenztes Interesse...
➢   Man akzeptiert Jesus als Erlöser!

Und beachte folgendes:

➢ Fechte eine andere Überzeugung nicht an.
➢ Bedränge keinen.
➢ Erfrage Gründe, was Menschen davon abhält eine Entscheidung zu treffen.
➢ Sei einfach und *praktisch*.
➢ Gebe gute und passende Literatur weiter
➢ Wenn jemand offen ist; lade sie/ihn ein zu einem Bibelgesprächskreis.
➢ Behalte Kontakt, nicht nur zum Evangelisieren, sondern aus LIEBE!

8. Persönliche praktische Erfahrung:

Glauben und Evangelisation

Eine Jüngerschaftsschule

<u>*Gebet*</u>

Einführung:
2.Kor.12,8-10

1. **Was ist ein Gebet?**
   Lies *Phil.4, 6-7 / Kol.4, 2-3 / Matth.7, 7-11*

2. **Warum beten?**
   Lies *Joh.14, 13 / 1.Tess.5, 17 / Ps.32, 5-6 / Matth.21, 22*

3. **Voraussetzungen!**
   Lies *1.Tim.2,5 / Hebr.11, 6 / Ps.66, 18*

4. **Im Jesu Namen!**
   Lies *Joh. 14,13-14 / ~15,7 / 1.Joh.5,14 / Jak.4, 2-5*

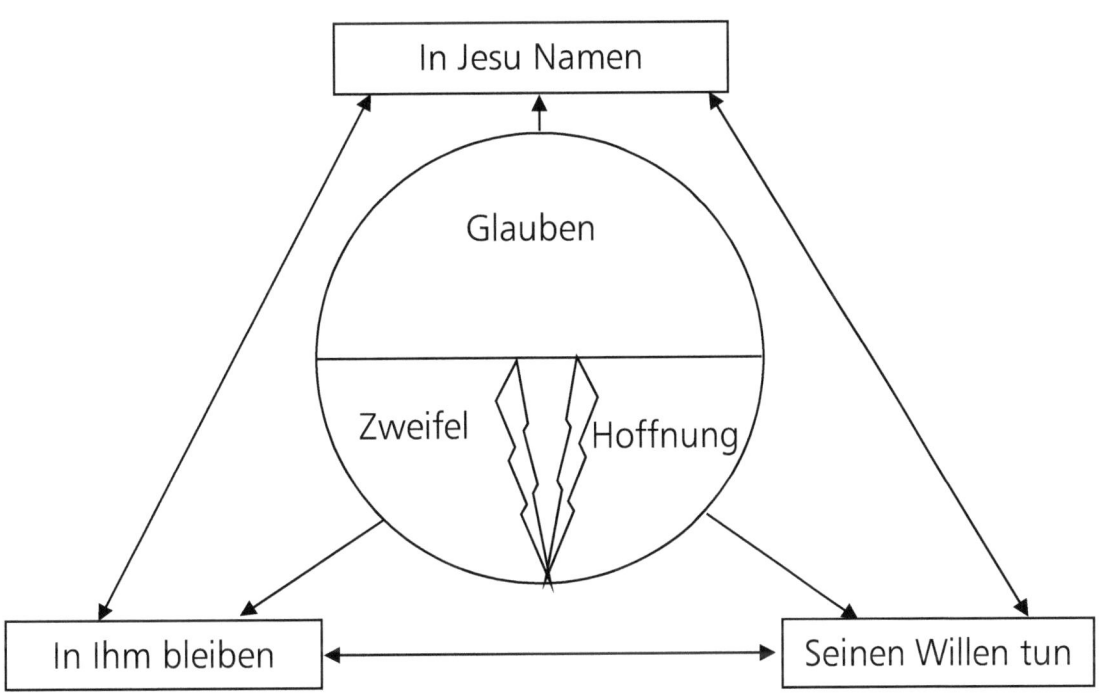

Glauben und Evangelisation
Eine Jüngerschaftsschule

5. **Wie können wir beten?**
Lies *Matth.6, 5-15*

a) Anbetung *Ps.100 / Ps.106 / Ps.150* usw.

b) Ohne endlose Wiederholung (Homologos)
Lies *1.Joh.1,9* - Erkennen, Akzeptieren von Vergebung, Korrigieren was falsch ist, Willen zur Veränderung.

c) Danksagung *1.Tess.5, 17 / Eph.5, 20 / Röm.8, 28*

d) Fürbitte *Phil.4,6 / 1.Tim.2,1-2*

e) Ohne aufhören, immerzu *Eph.6,18 / Dan.10,12-14*

6. **Gott erhört Gebet!**
Lies *Jak.5, 16-18 / 2.Kor.12,8-9*

7. **Persönliche praktische Erfahrung:**

a) Lege eine Gebetsliste an.

Gebet	Datum	Erfüllung	Datum

b) BETE!

Möglichkeiten der Evangelisation!

Einführung:

1.   Hausbesuche

Definition: Eine Aktion, wobei durch einen vorab besprochenen Ablauf mit Menschen an deren Haustüren Kontakt aufgenommen wird, zwecks Evangelisation.

Unterschiedliche Herangehensweise:

- progressiv
- aktiv
- aggressiv

Beispiel Umfrage.

- Arbeitsweise:
- Gegend aussuchen
- Erfassen der Daten
- Infobrief verteilen
- Gemeinsam losgehen
- Umfrage aufnehmen
- Übergang zur Evangelisation
- Gespräch abschließen
- Evtl. Einladung
- Verarbeiten der Infos
- Aktion abschließen

- Benötigte Materialien:
- Ankündigungsschreiben
- Umfragen
- Evangelisationsmaterial - Flyers
- Briefe für Menschen, welche nicht zu Hause waren
- Reaktionsmöglichkeit
- Karte der Gegend
- Straßenlisten

- Verschiedene Aufgaben:
- Straßenlisten führen
- Kontakte Pflegen
- Materialbesorgung und Aktualisierung
- Austragen von Materialien
- Von Tür zu Tür arbeit
- Nachsorge
- Umfragen verarbeiten
- Weitere evt. Folgen:....

2. Nachbarschaftstreffen

Definition: Menschen aus der eigenen Umgebung einladen zu einer angenehmen Runde; Eine Darstellung von sich „selbst", wobei das Evangelium verkündigt wird.
(Lies *Apg.10, 24*)

➤ Arbeitsweise
- Menschen 2 Wochen vorher einladen
- Viel Kaffe und Kuchen (oder andere Leckereien) verfügbar haben.
- Gelegenheit für ein "Open End" geben
- Reaktionsformulare austeilen
- Einige Tage später Formulare abholen
- Dabei evangelisieren.

- Benötigte Materialien:
- Diaserie, - o.ä.
- Einladungen
- Liste für Menschen
- Reaktionsformulare
- Evangelisationsmaterial
- Büchertische
- Leckereien

➤ Verschiedene Aufgaben:
- Liste erstellen der Menschen
- Menschen einladen
- Evt. Redner organisieren
- Materialien Bestellen
- Abend führen
- Bedienung???
- Reaktion abholen
- Nachsorge
- Weitere evtl. Folgen

3. Tee-Kaffeekränzchen...

Definition: Ein Christ lädt Bekannte, Verwandte, Nachbarn, usw. ein, wobei eine Dia Serie, Präsentation oder Film gezeigt wird zu einem bestimmten Thema.

➤ Arbeitsweise

➤ Benötigte Materialien

➤ Verschiedene Aufgaben

4.   Schriftenmission

Definition: Tür zu Tür Aktion, wobei mit verschiedenen Materialien (Flyer, Gemeindegruß, o.ä.) verteilt werden, auf die die Menschen reagieren können. Die Absicht ist; eine größtmögliche Menge von Menschen in eine kurze Zeit zu erreichen.

➢   Arbeitsweise

➢   Benötigte Materialien

➢   Verschiedene Aufgaben

5.   Entdeckergruppen

Definition: Menschen entdecken helfen, was es heißt, Christ zu sein. Eine Gruppe trifft sich dazu regelmäßig (mindestens 6-7-mal) um einer Studie über Jesus zu folgen.

➢   Arbeitsweise

➢   Benötigte Materialien

➢   Verschiedene Aufgaben

6.   Telefon - Evangelisation

Definition: Mittels Telefon Kontakt aufnehmen mit Menschen, um eine Verabredung zu machen, damit über das Evangelium gesprochen werden kann.

➢   Arbeitsweise

➢   Benötigte Materialien

➢   Verschiedene Aufgaben

Das Vaterherz Gottes!

Einführung:

Gott als Vater? Wie ist unsere Projektion?
(Siehe Geschichte von Michal, Tochter von Saul.)
(*1.Sam.18,20-30 / 2.Sam.3,13-16 / 2.Sam.6,16+20-23*)

1. **Gott ist unser Vater.**
   Lies *Röm.8, 14-18*

   Das bedeutet für uns:
   - Liebe   - 1.Joh.4,9-10 / Röm.5,15
   - Akzeptanz - Röm.5,15
   - Vergebung - 2.Kor.5,17-19

2. **Gott ist ein Vater, der auf uns wartet.**
   Lies *Luk.15, 11-24*

   3 Eigenschaften von Gott, der Vater;

   - Er liebte seinen Sohn so sehr, dass er ihn loslassen konnte
   - Er liebte seinen Sohn so sehr, dass er jeden Tag Ausschau hielt, ob er wiederkam.
   - Er liebte seinen Sohn so sehr, dass er ihn nicht verurteilte, sondern ihm vergab und ein Fest veranstaltete.

   So ist Gott, und noch viel mehr!

3. **Das gebrochen Herz Gottes.**
   Lies *Hosea 11,7-8*

4. **Kennen wir Gott als liebender Vater?**
   Joh.1,12

5. **Anlagen:**

a. *Gott ist ein liebevoller Vater, der verletzte Seelen heilt.*
Er gibt uns, was wir brauchen. Das ist der Grund, weshalb wir lernen müssen in Vertrauen und Glauben zu leben. Es ist nicht seine Absicht, uns zu ärgern oder zu zeigen, dass wir ohnehin alles falsch machen. Er möchte, dass wir selbständige, erwachsene Menschen werden, die wissen, dass der Vater ihn das gibt, was sie brauchen. Das bedeutet Wachstum. Wir werden lernen, immer mehr die Entscheidungen zu treffen, die seinem Ziel entgegengehen. Er wird uns immer mehr Freiraum geben um seinen Dienst zu tun. Jeder Mensch trägt Verletzungen mit sich. Manch einer wird seine Verletzungen zu verbergen wissen. Der Umgang damit ist für jeden unterschiedlich.

b) *Wie heilt Gott verletzte Seelen?*
Er wird Zeit und Pflege investieren und Wachstum ermöglichen.
Er ist geduldig, denn er kennt den Weg.

Ein paar Grundsätze für eine rasche Heilung;

➢ Gib zu, dass du Heilung brauchst.
➢ Bekenne negative Gefühle.
➢ Vergebe denen, welche du verletzt hast.
➢ Empfange Vergebung.
➢ Empfange Liebe vom Vater.
➢ Mache Gottes Gedanken zu deinem eigenen.
➢ Halte durch.

All diese Grundsätze werden in dem Buch "Das Vaterherz Gottes" ausführlich beschrieben (ISBN 978-3-935703-23-9 Artikel-Nr.: 147323000 beim SCM-Shop -Verlag: Asaph Verlag GmbH).

Glaubensverteidigung oder Apologetik und Schwierige Fragen

Einführung:

Was ist "Apologetik"?

Lies **Petr.3, 15**

Das Wort "Verantwortung" ist eine Übersetzung des griechischen Wortes "apologia". Wobei "Apo" steht für von und "Logos" steht für Wort. Dies ergibt zusammen Reden zu Wiederlegen; Auslegen.

Für die Christen bedeutet dieses auch Erklärung oder Verteidigung des Glaubens. Die Aufgabe von Theologie ist festzustellen, was der Glaube beinhaltet. Der Aufgabe von Apologetik ist das Auslegen und Verteidigen, das der Glaube Wirklichkeit ist und somit Sinn und Wert hat für jeden Menschen.

Die Anfänge wurden gelegt von Justin (165 n. Chr.) und Origenes (185 n. Chr.)

1.   **Alle Wahrheit kommt von Gott.**

Der christliche Glaube hält die exakte Wissenschaft nicht außen vor.

2.   **Der Nicht-Christ kann Teilaspekte mit seinem Verstand begreifen.**

Glaubensverteidigung bedeutet:

- Ehrliche Antworten auf ehrliche Fragen
- Fakten nennen, dass der Glaube richtig ist.
- Liebevoll, aber bestimmt zeigen, dass andere Glaubensverirrungen unlogisch sind.

3.   **Eine Warnung; Halte das Ziel vor Augen!**

Glaubensverteidigung darf niemals die Verkündigung behindern!
Unser Ziel in der Apologetik muss immer sein:
➢   Die Person Jesu Christus vollkommen deutlich in den Mittelpunkt stellen
➢   Sehen sein auf das Wohl des Gegenübers; was braucht Er / Sie.

4.   **Fragen und Bemerkungen denen man etwas entgegnen kann;**

➢ **Es gibt keinen Gott, denn ich habe ihn noch nie gesehen und akzeptiere ihn nicht.**

Antwort: Da kann man nur sicher sein, wenn man alle Fakten und Erkenntnisse hat, die existieren. Sonst besteht die Möglichkeit, dass er außerhalb deines Vorstellungsvermögens doch existiert.
Dass du es nicht akzeptierst, kommt nicht dadurch, dass er nicht existiert, sondern dass du von ihm getrennt bist. Er kann sich nicht erkennbar machen.

Biblischer Hintergrund:
Du kannst Gott nicht beweisen, da er unser Verständnis übersteigt.
Es gibt jedoch Hinweise, dass es ihn gibt.

Natur: Die Ordnung und Regeln im All und der Natur.
Gewissen: Das Wissen über Gut und Schlecht ist dem Menschen gegeben.
Gottesbild und Gottesbewusstsein:
                               Bei jeder noch so primitiven Bevölkerung findet man Ansätze davon.

Jedoch! Diese Offenbarung Gottes gegenüber den Menschen reicht nicht!

Jesus Christus: **Joh.1,18 / Kol.1,15 /**

Jesus Christus ist das Bildnis Gottes.

➢ **Jeder glaubt doch an den gleichen Gott. Weshalb sollten andere falsch sein?**

Antwort: "Es Gibt in der Tat nur *einen* Gott. Dennoch sind da Unterschiede zwischen Christentum und anderen Religionen. Diese sind......"

..."Es ist nicht wichtig, *dass* wir glauben, sondern *woran* wir glauben.
Du kannst glauben, dass das gefrorene Wasser nach einer Nacht dick genug ist um darüber zu gehen oder Schlittschuh zu fahren. Auch wenn du einen großen Glauben hast, würdest du trotzdem einbrechen..."

Biblischer Hintergrund:

Das Christentum steht und fällt mit der Person Jesus Christus. Darin unterscheidet es sich von allen anderen Religionen; dadurch, dass...

- über ihn allein schon seit Jahrhunderten vorher Details über sein Leben vorausgesagt worden sind. (**Luk.24,27**)
- nur Er gesagt hat, dass er von Gott in die Welt geschickt worden ist. (**Joh.3,13**)
- nur Er gesagt hat, dass er ohne Fehler und Mängel ist. (**Joh.8,64**)

- nur Er gesagt hat, das er Gott gleich und Gott selbst war. (**Joh.5,17-18**)
- nur Er für unsere Missetaten gegenüber Gott gestorben ist. Andere Menschen leben so lange wie sie können und dann ist alles vorbei. Sein Sterben aber war der absolute Höhepunkt seines Lebens.(**Mark.10,45**)
- nur Er sagte, dass er auferstehen würde aus dem Totenreich, und es passierte tatsächlich! Du kannst die Gräber von Mohammed und Buddha besuchen. Ihre Knochen sind dort beerdigt. In Jesu Grab sind keine Knochen, sondern dort ist eine leere Höhle. Er ist nicht mehr dort, sondern er ist auferstanden (**Mark.16,6**)

Jesus ist nicht irgendein religiöser Führer. Die Geschichte beweist seine besondere Bedeutung und sagt klar und deutlich: "Es gibt nur einen Weg!"

➢ **Was passiert mit den Menschen, die nie von Jesus Christus gehört haben? Verurteilt Gott diese Menschen?**

Antwort: Auf diese Frage kann ich keine korrekte Antwort geben. Die Bibel ist auf diesem Gebiet nicht ganz klar. Dennoch ist die Bibel klar und unmissverständlich in dem was passiert mit den Menschen, die ihn abweisen!

Biblischer Hintergrund:
Es gibt keine deutliche Antwort auf diese Frage. (Was verborgen ist, ist des HERRN, unseres Gottes - **5.Mose 29,29**)

Einige Hinweise in der Bibel:

➢ Gott ist gerecht und was er tut ist gerecht!
➢ Kein Mensch wird verurteilt werden für das Nichtwissen von Jesu Existenz. Er wird verurteilt werden, weil er seine Moral übertreten hat. (**Röm.2,12-16**)
➢ Jeder hat genug Information um zu wissen, dass es einen Gott gibt. (**Röm.1,20/Ps.19,1-7**)
➢ Wenn er mit diesem Wissen auf die Suche geht, wird er Gott finden, denn Gott lässt sich finden. (**Matth.7,7-11 / Jer.29,11-14**)
➢ In der Bibel steht nicht, dass ein Mensch ohne Jesus gerettet werden kann.
➢ Es wird einen Tag des Gerichts geben. Die Bibel ist deutlich was mit denen passiert, die etwas von Jesus gehört haben, aber nicht geglaubt haben.

Diese Fragestellung wird häufig verwendet, um eine Entschuldigung zu haben den Glauben abzuweisen.

➢ **Ist die Bibel zuverlässig?**

Antwort:
Wenn wir für die Bibel das gleiche Kriterium anlegen wie bei anderen historischen Dokumenten, zeigt sich die Bibel um ein Vielfaches verlässlicher als andere Dokumente aus der gleichen Zeit.

Glauben und Evangelisation
Eine Jüngerschaftsschule

Wenn man meint, dass bewiesen werden kann, dass die Bibel Gottes Wort ist, ist das unmöglich. Aber wenn man die Bibel liest, beweist sie sich selbst. Im Weiteren ist die Bibel einmalig im Vergleich zu anderen religiösen Werken!

Hintergrund:
Die Bibel ist einmalig durch:

- ihre Zusammenstellung
- ihre Verteilung und ihren Einfluss auf die Literatur
- ihre Übersetzungen
- die Überlieferung über Jahrhunderte hinweg betreffs Vorlagen und Genauigkeit beim Abschreiben.
- Kein Buch der Welt ist so angegriffen worden wie die Bibel und hat doch überlebt.
- ihr Einfluss
- ihre Botschaft.

- **Wenn es einen Gott der Liebe gibt, warum gibt es dann soviel Ungerechtigkeit und Leid auf der Erde?**

Antwort:
Keine Ahnung. Dennoch ist es so, dass die Menschen an ihrem Elend hauptsächlich selber schuld sind oder sich gegenseitig ausbeuten und verletzen. Daher ist es nicht fair, Gott die Schuld dafür zu geben.

Biblischer Hintergrund:
- Gott schuf den Menschen perfekt, ohne Krankheit, Leid und Tot.
- Der Mensch ging seinen eigenen Weg, und mit ihm, die ganze Menschheit. (**Röm.5,12**) Krankheit, Tot, usw. ist die Folge davon.

Zwischenfrage:
Warum Gott dann nicht den Menschen so geschaffen hat, dass er nicht sündigen kann?

- Gott gab den Menschen eine Möglichkeit der freien Entscheidung. Somit konnte der Mensch aus Liebe Gott dienen.
- Wie es auch ist, der Mensch ist, wie er ist, wir sollen dies erkennen und akzeptieren.
- Gott kann ein Ende machen mit dem Leid, und wird es auch tun. (Röm.8,19-23) Wenn Gott definitiv mit allem Bösen abrechnet, wird alles Böse verschwinden, auch die Menschen, die Böses tun. Nur wer durch das Blut Jesus reingewaschen ist, wird überleben.
- Gott hat etwas getan gegen das Leid; Er hat seinen Sohn gesandt, damit ein jeder, der an ihn glaubt, ewiges Leben hat!
- Ein Teil dieses Leids in der Welt haben wir selbst verschuldet. Es zeigt, dass wir ohne Gott nicht im Stande sind, die Welt zu erhalten.(Beispiel Hungersnot,

Rassentrennungen, Religionen, welche den Fortschritt oder das Leben beeinträchtigen)

➤ Es gibt einen Widersacher (Satan) in dieser Welt, welcher viel Leid bringt.(Hiob)

➤ Gott gibt täglichen Gewinn über Leid (Habakuk 3,17-19)

➤ Leid und Schmerzen können auch ein Ziel im Leben eines Christen haben. Das sagt nicht, dass dieses Leid von Gott kommt, aber dieses zum Guten verwendet wird.

➤ **Ich bin doch gut und tue Gutes. Ich gebe mein Bestes. Reicht das nicht aus?**

> *Antwort:*
> Dein Bestes geben ist keine Garantie für ein gutes Ende. Du kannst das Beste wollen und doch durchfallen beim Examen. Bei Gott würdest du immer durchfallen.
> Was heißt denn überhaupt *gut*? Ist es besser sein als der Nachbar? Gut sein ist relativ. Die Bibel lehrt, dass keiner gerecht (gut) ist.
>
> *Biblischer Hintergrund:*
> Niemand schafft Gottes Norm (**Matth.22, 36-40**). Niemand gibt sein Bestes! (**Jak.2,10** / **Röm.3,23**) Für den, der dies einsieht, ist Jesus gekommen. (**Luk.5,31-32**)

Glauben und Evangelisation

Eine Jüngerschaftsschule

Anlage – Stundenplanung
für 7 – Tage Seminar

Stundenübersicht

Ca. Uhrzeit	Samstag, den	Samstag, den	Samstag, den	Samstag, den	Samstag, den	Samstag, den	Samstag, den
Ca. 09.00 Uhr	Vorstellung der Schulung, gegenseitiges kennen lernen	Erfahrungsaustausch, Wiederholungen	Erfahrungsaustausch, Wiederholungen	Erfahrungsaustausch, Wiederholungen	Erfahrungsaustausch, Wiederholungen	Erfahrungsaustausch, Wiederholungen	Erfahrungsaustausch, Wiederholungen
Ca.09.30 Uhr	Lobpreis / Gebet	Lobpreis / Gebet	Lobpreis / Gebet	Lobpreis / Gebet	Lobpreis / Gebet	Lobpreis / Gebet	Lobpreis / Gebet
Ca.10.00 Uhr	Bibelarbeit Vergebung	Bibelarbeit Geistiger, Wachstum	Vorbereitung Fußgängerzonen - Einsatz	Bibelarbeit Kampf im Geist	Vorbereitung Fußgängerzonen - Einsatz	Bibelarbeit Gebet	Praxis- Apologetik Glaubens-verteidigung und schwierige Fragen
Ca.10.50 Uhr	Pause	Pause	Pause	Pause	Pause	Pause	Pause
Ca.11.00 Uhr	Praxis- Kommunikation des Evangeliums	Praxis- Das persönliche Zeugnis	Praxis- Fußgängerzonen - Einsatz	Praxis- Das Beispiel Jesus	Praxis- Fußgängerzonen - Einsatz	Praxis- Möglichkeiten der Evangelisation	Endprojekt Vorbereitung
Ca.12.30 Uhr	Mittagessen	Mittagessen	Mittagessen	Mittagessen	Mittagessen	Mittagessen	Mittagessen
Ca.13.30 Uhr	Bibelarbeit Heilsgewißheit	Bibelarbeit Stille Zeit	Mittagessen	Bibelarbeit Heiliger Geist	Mittagessen	Bibelarbeit Das Vaterherz Gottes	Endprojekt Vorbereitung
Ca.14.30 Uhr	Gebet / Lobpreis	Gebet / Lobpreis	Gebet / Lobpreis	Gebet / Lobpreis	Gebet / Lobpreis	Gebet / Lobpreis	Gebet / Lobpreis
Ca.14.45 Uhr	Pause	Pause	Pause	Pause	Pause	Pause	Pause
Ca.15.00 Uhr	Praxis- Der Botschaft	Praxis- Gesprächstechniken	Praxis- Tür an Tür Aktion	Praxis- Tür an Tür Aktion	Praxis- Tür an Tür Aktion Lebensgrundhaltung	Bibelarbeit Gehorsam	Schulungs- reflektion - Austausch
Ca.16.00 Uhr	Ende	Ende	Ende	Ende	Ende	Ende	Ende

Glauben und Evangelisation
Eine Jüngerschaftsschule

Anlage – Bibelkarten Vorderseite
© Gerrit de Koning - 2020

Johannes 3,16	Johannes 14,6	Johannes 14,26
Johannes 14,13	Epheser 4,32	Johannes 3, 36
Römer 8, 26	Römer 8, 31	Römer 8, 38-39
Johannes 1, 12	Galater 5,14	1.Johannes 1, 9
Epheser 4, 30	Galater 5, 22	Römer 6,23
1.Petrus 3, 15	1.Johannes 3, 1	Offenbarung 22, 17
Mattheus 7, 7	Mattheus 28, 19 - 20	Johannes 8, 12
Römer 8, 14 - 15	Römer 5, 8	Römer 1, 16

Glauben und Evangelisation
Eine Jüngerschaftsschule

Anlage – Bibelkarten Rückseite

Aber der Tröster, der Heilige Geist, welchen mein Vater senden wird in meinem Namen, der wird euch alles lehren und euch erinnern alles des, dass ich euch gesagt habe.

Jesus spricht zu ihm: Ich bin der Weg und die Wahrheit und das Leben; niemand kommt zum Vater denn durch mich.

Also hat Gott die Welt geliebt, dass er seinen eingeborenen Sohn gab, auf dass alle, die an ihn glauben, nicht verloren werden, sondern das ewige Leben haben.

Wer an den Sohn glaubt, der hat das ewige Leben. Wer dem Sohn nicht glaubt, der wird das Leben nicht sehen, sondern der Zorn Gottes bleibt über ihm.

Seid aber untereinander freundlich, herzlich und vergebet einer dem andern, gleichwie Gott euch auch vergeben hat in Christo.

Und was ihr bitten werdet in meinem Namen, das will ich tun, auf dass der Vater geehrt werde in dem Sohne.

Denn ich bin gewiss, dass weder Tod noch Leben, weder Engel noch Fürstentümer noch Gewalten, weder Gegenwärtiges noch Zukünftiges, weder Hohes noch Tiefes noch keine andere Kreatur mag uns scheiden von der Liebe Gottes, die in Christo Jesu ist, unserm HERRN.

Ist Gott für uns, wer mag wider uns sein?

Desgleichen auch der Geist hilft unsrer Schwachheit auf. Denn wir wissen nicht, was wir beten sollen, wie sich's gebührt; sondern der Geist selbst vertritt uns aufs beste mit unaussprechlichem Seufzen.

So wir aber unsre Sünden bekennen, so ist er treu und gerecht, dass er uns die Sünden vergibt und reinigt uns von aller Untugend.

Denn alle Gesetze werden in einem Wort erfüllt, in dem: "Liebe deinen Nächsten wie dich selbst."

Wie viele ihn aber aufnahmen, denen gab er Macht, Kinder Gottes zu werden, die an seinen Namen glauben;

Denn der Sünde Sold ist der Tod; die Gabe Gottes aber ist das ewige Leben in Christus Jesus, unserm Herrn.

Die Frucht aber des Geistes ist Liebe, Freude, Friede, Geduld, Freundlichkeit, Güte, Treue,

Sanftmut, Keuschheit

Und betrübt nicht den heiligen Geist Gottes, mit dem ihr versiegelt seid für den Tag der Erlösung

Und der Geist und die Braut sprechen: Komm! Und wer es hört, der spreche: Komm! Und wen dürstet, der komme; und wer da will, der nehme das Wasser des Lebens umsonst

Seht, welch eine Liebe hat uns der Vater erwiesen, dass wir Gottes Kinder heißen sollen - und wir sind es auch

heiligt aber den Herrn Christus in euren Herzen. Seid allezeit bereit zur Verantwortung vor jedermann, der von euch Rechenschaft fordert über die Hoffnung, die in euch ist,

Da redete Jesus abermals zu ihnen und sprach: Ich bin das Licht der Welt. Wer mir nachfolgt, der wird nicht wandeln in der Finsternis, sondern wird das Licht des Lebens haben.

Darum gehet hin und machet zu Jüngern alle Völker: Taufet sie auf den Namen des Vaters und des Sohnes und des heiligen Geistes und lehret sie halten alles, was ich euch befohlen habe. Und siehe, ich bin bei euch alle Tage bis an der Welt Ende.

Bittet, so wird euch gegeben; suchet, so werdet ihr finden; klopfet an, so wird euch aufgetan.

Denn ich schäme mich des Evangeliums nicht; denn es ist eine Kraft Gottes, die selig macht alle, die daran glauben

Gott aber erweist seine Liebe zu uns darin, dass Christus für uns gestorben ist, als wir noch Sünder waren

Denn welche der Geist Gottes treibt, die sind Gottes Kinder.

Denn ihr habt nicht einen knechtischen Geist empfangen, dass ihr euch abermals fürchten müsstet; sondern ihr habt einen kindlichen Geist empfangen, durch den wir rufen: Abba, lieber Vater!

Glauben und Evangelisation
Eine Jüngerschaftsschule

Anlage – Mein Zeugnis

Kurz vor Schluss

Ich bin Niederländer, geboren und aufgewachsen in Barneveld, Niederlande. Zuhause wurde zwar über Gott geredet, jedoch eine wirkliche Beziehung gab es nie zum Glauben. Das Leben wurde gelebt, ohne eine richtige Bedeutung zu haben. Das hat sich sehr einschneidend verändert.

Eines Tages (während meinem Studium als (päd)agoge) wollte ich auf einem Zeltplatz eine Freizeitarbeit für Kinder mitgestalten, damit ich ein wenig Geld dazuverdienen konnte. Es ergab sich dabei einen Kontakt zu anderen Jugendlichen, die nicht nur Freude an Spiele und Aktivitäten mit Kindern, sondern auch an Musik und Gott hatten. Ich wurde neugierig und als sie mich fragten ob ich Lust hatte, in einen Gospelband mitzuspielen, sagte ich spontan zu.

Da gab es eine mächtige Änderung in meinem Leben. Ich fand eine Familie in der Gospelband, **die mich so aufnahmen, wie ich war**. Diese neue Umgebung machte mich neugierig. Und während wir regelmäßig auftraten und ich immer nur mitsang (und eigentlich nicht richtig lebte, was ich in die Lieder sang und bezeugte) lernte ich meine jetzige Ehefrau kennen lernen. Immer wann ich für mich war (allein in meine Zimmer) **trank ich ziemlich viel Alkohol**. Eigentlich zu viel für mich. Es passierte regelmäßig, dass ich von den Kneipen nicht mehr nach Hause fand und ich in irgendeine Absteige oder auch in eine Gosse landete.

Nebenbei versuchte ich allerlei Inhalte für mein Leben zu finden. Ziele, die ich bei verschiedenen Lebensanschauungen versuchte auszuprobieren, gaben mir keine Hoffnung, sondern nur Einschränkungen und bestätigten immer wieder, dass der Mensch an sich (und besonders ich) nichts taugt. Ich habe z.B. die Mormonen, Jehovas Zeugen, Philosophie, Taoismus und vieles anderes ausprobiert, **ohne ein Sinn des Lebens zu erkennen.**

Dann passierte es eines Tages, bei einer Übungsstunde in einer Kampsportart. Während einer einfachen Übung war für mich plötzlich die Zeit stehen geblieben. Ich hatte das Gefühl, dass es um mich herum nichts mehr gab. Kein Raum, keine Menschen und absolute Dunkelheit, während ich irgendwo auf dem Rücken lag, nicht in der Lage mich zu bewegen. Was war passiert? War ich gestorben? Ist die Welt zu Ende? Wo bin ich überhaupt? Es war eiskalt und ich fühlte mich schrecklich! Da lag ich nun, ohne Hoffnung und voller Angst, nein eher Panik. Verlassen und allein ohne Hoffnung...

Da hatte ich plötzlich ein Gedankenblitz; *"Wenn es nun wirklich einen Gott gab?"* Da rief ich aus allem was ich noch an Kraft fühlte in die Dunkelheit und Einsamkeit hinaus: *"Gott, wenn es dich gibt, bitte hilf mir!!!"* Da fühlte ich plötzlich wie ich wie von einem Riesenhand aufgehoben, immer höher stieg und es wurde mir dabei warm und ein herrliches Gefühl voller Dankbarkeit und Glück durchströmte mich.

Voller Dankbarkeit über die Berücksichtigung meiner Person, überlegte ich, dass es so wie es jetzt war, eine Ewigkeit dauern könnte. Es war einfach wunderbar. Es wurde hell und unfassbar schön. So plötzlich wie es angefangen hatte, hörte der Zustand auch wieder auf. Ich stand meinem Sparringpartner gegenüber und er sagte mir: *"Geschlafen wird nicht!"* In dem Moment stach mich etwas im Nacken und ich gab zurück, dass ich mich zur Seite setzen wolle, weil es mir nicht gut ging. Was für ihn nur ein paar Sekunden war, dauerte für mich eine halbe Ewigkeit... Erst da spürte ich wieder das stechen im Nacken und ich wusste, dass etwas nicht in Ordnung war.

Nachdem die Übungsstunde in meiner Abwesenheit zu Ende ging, besuchte ich den Physiotherapeuten der Sportschule. Er gab mich zu bedenken, dass obwohl er nichts feststellen konnte, **ich lieber zum Notarzt fahren sollte**. An diesem Tag (Es war der 21.01.1997) lag überall Eis und Schnee und ich war mit dem Fahrrad gekommen, sodass ich ihn bat, mich nach Hause zu fahren, was er auch tat. Mit Mühe konnte ich meinen Vater davon überzeugen, mich zum Krankenhaus zu fahren, wo ich bis mitten in der Nacht (01.00 Uhr) warten musste, bevor ich endlich dran war. Da gab es eine plötzliche Aufregung im Krankenhaus, nachdem der Arzt meine Bilder gesehen hatte...

Erst als der Neurologe im Regenmantel hinzukam, wusste ich, dass etwas nicht in Ordnung war. Als dann nachdem noch einige Bilder gemacht worden waren, sagte er zu mir, dass ich einen guten Schutzengel gehabt habe, dass ich jetzt entweder tot oder ab Kopf abwärts gelähmt sein sollte. Das war jedoch nicht der Fall, die Diagnose jedoch lies wenig Hoffnung zu; **Halswirbelbruch, ohne Tendenz es richten zu können**. Dann wurde ich auf der Intensiv-Station gefahren und dachte nur noch; *"In was für eine Katastrophe bist du jetzt wieder gelandet."*

Da fing das richtige Leiden an. **Schmerzen ohne Ende**. Warum ich? Warum nur...? Nach ein paar Wochen liegen hatte ich genug, und dachte; *"Jetzt stehe ich auf, gehe nach Hause, egal was Passiert"*. Unruhig wie ich war, konnte ich nicht schlafen. Mitten in der Nacht als die Nachtschwester kam, sagte sie; *"Was ist los? Du bist so unruhig?"* Da ließ ich alles gehen, was sich in mir aufgestaut hatte. Schimpfte über Gott und die Welt, beklagte meine Situation. Die Nachtschwester nahm alles sehr gelassen hin und gab mir ganz ruhig von sich, dass ich doch noch jung bin und mir schon noch geholfen werden könne... Da platzte mir die Hutschnur... keiner hat es gewagt, mich zu helfen, keine der Ärzte konnte mich helfen, wer sollte dann was für mich tun können!? Die Nachtschwester blieb ganz ruhig und antwortete: **"Hast du es schon mal mit Jesus versucht?"** Da war ich ganz fertig. Daran hatte ich noch nicht gedacht. Sollte da doch eine Hoffnung sein? Könnte es sein, dass doch etwas mir helfen konnte? Schließlich habe ich Jesus in meinem Leben eingeladen. Nein, sofort geheilt war ich nicht. Aber die Kraft und Gewissheit, dass ich ein neues Leben bekommen habe, begleitet mich bis heute. JA, ich bin wieder vollständig gesund! Keine Nachwirkungen des Unfalls haben bis jetzt mein Leben beeinträchtigt! Oder doch!

Ab dann lebte ich mit JESUS!
Er hat mich neu gemacht. Wann versuchst du es?
ER HEILT; ER TRÖSTET; ER LIEBT DICH!!!

(Quelle https://www.evangeliums.net/lebensberichte/kurz_vor_schluss.htm)